AF369996

VENTE
Du Mercredi 17 Mars 1897
HOTEL DROUOT, SALLE N° 7
A deux heures un quart

TAPISSERIES
A PERSONNAGES & VERDURES

ÉTOFFES ANCIENNES

MEUBLES, BOIS SCULPTÉS

ÉPIS DE FAITAGE EN TERRE VERNISSÉE

CUIVRES, ÉTAINS, GRAVURES

DES XVI°, XVII° & XVIII° SIÈCLES

LE TOUT

ARRIVANT DE PROVINCE

M° G. DUCHESNE	**M. A. BLOCHE**
Commissaire-Priseur	*Expert près la Cour d'appel*
6, rue de Hanovre, 6	28, Rue de Châteaudun, 28

EXPOSITION PUBLIQUE
Le Mardi 16 Mars 1897
DE 2 HEURES A 6 HEURES

CONDITIONS DE LA VENTE

La vente sera faite *expressément* au comptant.

Les acquéreurs payeront en sus des adjudications *cinq pour cent*.

L'exposition mettant le public a même de se rendre compte de l'état des objets, il ne sera admis aucune réclamation une fois l'adjudication prononcée.

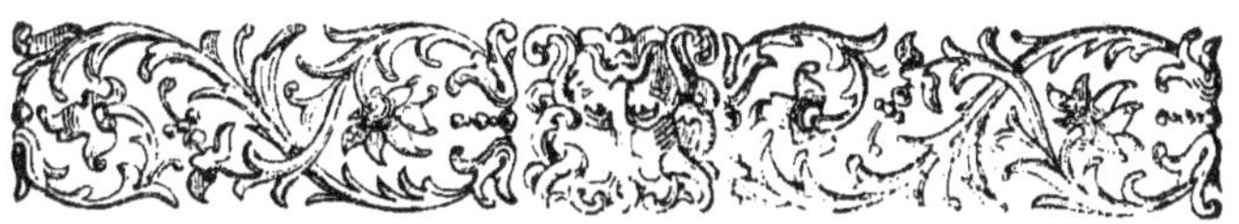

DÉSIGNATION

TAPISSERIES

1 — Grande et belle tapisserie verdure représentant un berger gardant des chèvres jouant de la flûte sur la lisière d'un bois, paysage animé d'oiseaux. Large bordure sur trois côtés à décor de guirlandes de fleurs et fruits et médaillon paysage. Époque Louis XIII. Haut. 3m20 ; larg. 4m70.

2 — Jolie portière verdure, large bordure sur trois côtés à décor vases de fleurs et médaillons. Époque Louis XIII. Haut. 3m10 ; larg. 1m25.

3 — Belle bordure d'ancienne tapisserie.

4 — Tapisserie gothique représentant un combat
d'animaux dans des feuillages, bordure fleurs
et fruits. Haut. 3^m ; larg. 1^{m}70.

5 à 12 — Série de sept tapisseries à grands
feuillages avec nombreux animaux, oiseaux,
chimères et dans le fond paysage, habita-
tions châteaux, bordure de fleurs et fruits,
XVIIe siècle.

La première offre la Chasse au cerf, au fond,
vue d'un village. Haut. 3^{m}50 ; larg. 2^{m}20.

La deuxième offre un Lion et un léopard aux
aguets. Haut. 2^{m}60 ; larg. 2^{m}80.

La troisième offre un Cheval attaqué par des
oiseaux. Haut. 2^{m}80 ; larg. 2^{m}65.

La quatrième offre des animaux et camé-
léon. Haut. 3^{m}20 ; larg. 2^{m}80.

La cinquième offre des oiseaux. Haut. 2^{m}30 ;
larg. 1^{m}80.

La sixième offre des Chiens poursuivant un
cerf dans des feuillages entrelacés. Haut. 2^{m}70 ;
larg. 1^{m}50.

La septième offre un Combat d'animaux.
Haut. 2^{m}70 ; larg. 2^{m}10.

12 — Jolie portière en ancienne tapisserie verdure, bordure à vase de fleurs et fruits, rinceaux et cornes d'abondance. Haut. 2m40 ;
larg. 1m75.

13 — Belle portière verdure au perroquet, bordure à entrelacs de fleurs, rinceaux feuillagés.
Haut. 2m50 ; larg. 1m40.

14 — Jolie portière, petits personnages sous bois
d'après Huet, bordure à vases de fleurs et
fruits, rinceaux. Haut. 2m20 ; larg. 1m40.

15 — Belle portière verdure, bordure corbeille
de fruits, rinceaux et coquilles. Haut. 2m70 ;
larg. 1m50.

16 — Portière verdure avec bordures. Haut. 2m45 ;
larg. 1m50.

17 — Autre verdure, bordure feuilles d'acanthe,
fruits et fleurs. Haut. 2m71 ; larg. 1m10.

18 — Autre verdure, bordures fleurs, fruits.
Haut. 1m90 ; larg. 1m.

19 — Autre verdure. Haut. 2m35 ; larg. 1m50.

20 — Panneau tapisserie ve·dure avec oiseau aux ailes déployées. Haut. 1m70 ; larg. 1m90.

21 — Fragment de tapisserie à petits personnages et animaux Renaissance.

22 — Autre fragment à personnages fuyant un sanglier.

23-24 — Deux tapisseries, scènes de l'Histoire de Joseph représentant Joseph arrêté après le vol de la coupe du roi Pharaon et Joseph vendu par ses frères.

25 — Fragment de tapisserie.

MEUBLES

26 — Grande armoire en vieux chêne. Époque Louis XIII.

27 — Petite armoire vieux chêne, panneaux sculptés. Époque Louis XIV.

28 — Petit meuble vieux chêne à deux corps avec frise et panneaux sculptés, ouvrant à deux portes, avec tiroirs. Époque Louis XIV.

29 — Petit meuble vieux chêne à deux corps, panneaux sculptés. Époque Louis XIV.

30 — Petit meuble, à quatre portes, colonnettes cannelées et sculptées en vieux chêne. Époque Henri II.

31 — Petit meuble à quatre portes et tiroirs, colonnettes reliées par une arcature, en vieux chêne.

32 — Grand bahut Renaissance chêne sculpté ouvrant à porte à volonté.

33 — Bahut Renaissance vieux chêne sculpté, panneau représentant un personnage transformé en grenouille.

34 — Bahut Renaissance à panneaux et pilastre en vieux chêne sculpté.

35 — Lit de repos. Époque Louis XV.

36 — Trois bois de fauteuil. Époque Louis XIII.

37 — Grande table Renaissance à rallonges en vieux chêne.

38 — Petite table pieds tors en vieux chêne. Époque Louis XIII.

39 — Table de milieu. Époque Louis XV.

40 — Console d'applique à guirlandes de feuillages, sculpté et doré, avec marbre. Époque Louis XVI.

41 — Deux culs de lampe vieux chêne sculpté.

42 — Deux autres en bois sculpté et doré.

43 — Deux chutes sculptées.

44 — Deux autres sculptées et dorées.

45 — Grosse tête d'ange dorée.

46 — Deux grands panneaux, encadrement sculpté avec culs de lampe à tête d'ange.

47 — Deux cadres en bois sculpté.

48 — Autres cadres anciens.

49 — Deux petites consoles d'appliques en bois sculpté et doré.

50 — Deux colonnes bois sculpté et doré. Époque Renaissance.

51 — Quatre colonnes torses vieux chêne sculpté et chapiteau d'un seul morceau.

52 — Deux anges adorateurs bois sculpté.

53 — Quatre colonnes d'appliques cannelées, chapiteaux sculptés et dorés.

54 — Cul de lampe d'angle forme Médicis, guirlandes de fleurs et fruits et tête d'ange.

55 — Grand panneau vieux chêne sculpté : Couronnement de la Vierge en haut relief.

56 — Devant de coffre gothique.

57 — Devant de coffre Renaissance.

58 — Deux panneaux bois sculpté, têtes ailées et guirlandes.

59 — Grosse guirlande bois sculpté et doré.

60 — Deux beaux vases avec corbeilles de fruits sculpté et doré.

61 — Divers sujets en bois sculpté. (Sera divisé).

62 — Deux petites statuettes bois sculpté.

63 — Grands chandeliers en bois sculpté. Époque Louis XVI.

64 — Deux autres plus petits.

65 — Deux autres bois sculpté et doré.

66 — Deux autres bois sculpté argenté.

OBJETS DIVERS

67 — Grand épi de faitage terre vernissée. Époque Henri II.

68 — Bel épi Renaissance à corbeilles de fruits, têtes et colerettes en terre vernissée.

69 — Trois autres épis.

70 — Tuile faitière.

71-72 — **Deux personnages grotesques, homme et femme, formant fontaines.**

73 — Fontaine en terre vernissée.

74 — Landiers Louis XIII.

75 — Bassinoires en cuivre.

76-77 — Écuelle en étain, porte-huilier, sucriers, moutardier, gravés et ciselés.

ÉTOFFES

78 — Chappe Louis XVI en soie à rayures satinées et petits bouquets de fleurs brochés de couleur, orfrois et chaperon grenat.

79 — Chappe Louis XVI en soie fond blanc à rayures vert pâle et petites guirlandes brochées de fleurs de couleur. Orfrois et chaperon en **damas rouge.**

80 — Chasuble en Dauphine Louis XVI à rayures
brochées de fleurs et feuillages de couleur,
croix en satin violet avec fleurs tissées or.

81 — Chasuble en soie Louis XV brochée de
bouquets de fleurs de couleurs variées, ornée
de galon doré.

82 — Chasuble en soie à rayures Louis XVI, croix
en Dauphine crême brochée de fleurs, feuillages et palmes bleues.

83 — Chasuble en soie verte à petits dessins
brochés, croix en soie verte brochée de bouquets de couleur tissés d'or.

84 — Chasuble en damas rouge avec croix tissée
soie et or, beau galon à jour.

85 — Chasuble en soie Louis XV, fond vieux
rose, croix fond crême en soie brochée de
fleurs et feuillages, beau galon doré.

86 — Chasuble en soie fond blanc à bouquets,
belle croix en satin crême brochée de bouquets
de fleurs de couleur.

87 — Chasuble en satin crême Louis XVI à
rayures roses et petits bouquets en soie brochée de gros bouquets de roses sur fond blanc,
galon doré.

88 — Chasuble en soie moirée verte, croix en
drap d'or, galon doré.

89 — Chasuble en lampas fond mordoré à dessins
blanc et grenat.

90 — Habit en soie armurée fond bleu pâle brochée de petites fleurettes roses.

91 — Habit et gilet en soie mordorée brochée de
petites fleurettes jaunes.

92 — Petit tapis carré en soie fond crême
Louis XV, bouquets brochés en soie de couleur, dessins passementerie et fleurs tissées
or fin, entouré d'une dentelle dorée.

93 — Petit tapis en soie fond crême, vase de
fleurs et feuillages au centre, entouré d'une
petite dentelle dorée.

94 — Divers petits tapis (sera divisé).

95 — Deux beaux chaperons de confrérie en
drap noir richement brodés de fleurs or et
argent avec médaillons à personnages religieux,
garniture de franges, galons et glands.

96 — Deux chaperons de confrérie en drap noir
brodés de fleurs argent et or, médaillons,
galons, frange et glands argentés.

97 — Belle dalmatique de confrérie en velours
noir brodée de fleurs or et argent, application
de personnages religieux entourés de beau
galon et de frange à crépines dorées.

98 — Quatre parties de lambrequin en damas
rouge, entouré de galon et de frange dorée.

99 — Grande coiffure hollandaise composée d'un
fond en passementerie dorée, brodée de perles,
entouré d'une large dentelle noire montée sur
fil de cuivre, garnie d'un beau et large ruban
de satin broché noir,

100 — Coiffure hollandaise en passementerie dorée
et brodée montée sur fil de cuivre, belle garniture en large ruban de satin noir broché.

101 — Coiffure dans le genre de la précédente.

102 — Coiffure en drap d'argent.

103 — Portière en damas de soie rouge et jaune. Louis XIV.

104 — Beau dessus de lit en brocatelle de soie moirée, très fine nuance bouton d'or.

105 — Dessus de lit en satin à rayures rouges noires et jaunes.

106 — Un lot de pâles et bourses.

107 — Lot de franges et galons (sera divisé).

GRAVURES EN COULEUR

108 — *La Noce de Village*, d'après Lecomte, par Jazet.

109 à 113 — *La Demande en Mariage. Bénédiction Nuptiale. Le Repas de Noces. Retour de Noce. Retour des Champs*, de C. Vernet. Debucourt.

114 — *Napoléon Ier*. Retour de l'Ile d'Elbe, 1810.

115 — *Vue du champ de Mars,* fête Nationale de Téssier.

116 — Quantité de gravures coloriées, vues de monuments, vues des principaux châteaux de France. Principales villes françaises et étrangères. Gravures coloriées d'après les tableaux de Claude Lorrain, Vernet, etc.

117 — Objets omis.